Petibou

Mireille d'Allancé

on joue papa ?

Editions Lito

– Ça y est, papa est rentré !
On va bien s'amuser…

– Attention, le voilà !
Un, deux, trois…

Hop ! Petibou a bondi.
– B… bonsoir, Petibou chéri !

– On fait un rodéo papa ?
– Et maman, elle n'est pas là ?

– Alors papa, on joue ?
– J'arrive, j'arrive Petibou.

– Bon allez,
je charge mon pistolet !

– Touché !

Papa n'a rien remarqué.
Petibou a une autre idée…

– Encore un petit effort…

BOUMBADABOUM
dans le décor !

– Ça suffit, dit papa.
Tu t'assieds là et tu ne bouges pas !

TOC !

– C'est quoi ça ?

– Je t'ai vu papa,
c'est toi !

– Gagné Petibou !
– On joue à quoi ?

Au rodéo !
Petibou adore ça.

Lito
41, rue de Verdun 94500 Champigny-sur-Marne
Imprimé en CEE
Loi n° 49-956 du 16 juillet 1949 sur les publications destinées à la jeunesse
Dépôt légal : janvier 2005